Gazpacho Agridulce

PRÓLOGO

Siempre nos ha gustado contar las anécdotas de nuestra familia.

A todas. Además, cada una las contaba de forma distinta a personas más distintas aún: amistades de diferentes edades y de diferentes partes, pero la reacción de todas estas personas que nos rodeaban solía ser muy parecida: "¿En serio? ¡Anda ya! No me lo creo", "¡Es demasiado gracioso!", "¡Qué me dices!" (y carcajadas, por supuesto, muchísimas carcajadas siempre).

Cuando Quan nos contó que iba a empezar un cómic de nuestra familia, lo primero que nos vino a la cabeza fueron los diversos cómics (o mangas, mejor dicho) que dibujó durante su adolescencia; aquellos que tantos recuerdos nos traían a las tres y que, a pesar de los años, seguían manteniendo esa inquietud y ese humor de la adolescencia. "Pues puede ser una buena idea", pensamos. Al menos para nosotras, en ese momento, no fue una gran emoción.

Hasta ahora.

Como primera generación de chino-españoles, nuestro camino no ha sido solamente tortuoso: intentar romper el plan de vida impuesto por la sociedad china (restaurante/bazar chino) fue muy difícil. Creemos poder decir que este libro, aparte de reforzar los lazos entre nosotras, nos representa como personas con muchos otros talentos que están lejos de preparar arroces tres delicias y pollos con almendras.

Gazpacho agridulce es una historia divertida, soñadora e inspiradora, pero sobre todo verdadera. De entre nosotras tres, Quan ha sido la única capaz de relatar nuestra niñez y adolescencia con alegría, humor y tanta ternura. Grandes son las distancias que nos separan: el océano Atlántico, nueve horas de vuelo y seis horas de diferencia horaria entre Madrid y Miami; siete horas en coche o tres en Ave entre Madrid y Málaga, y entre el trabajo, estudios y otros compromisos sociales, resulta muy difícil coincidir. Sin embargo, eso no nos detuvo. Al recordar viejos tiempos juntas, nuestros lazos se han vuelto aún más fuertes. ¡Jamás se nos ocurriría que podríamos recopilar tantas anécdotas y tantas historias juntas! Y es que los años pasan, los amigos pueden cambiar, pero la familia es la misma. *La familia es para siempre*. Tal vez ésa sea una de las razones por las que los recuerdos familiares no pasan de moda, no caducan. Siempre vuelven y no se les gasta esa frescura, esa vitalidad o esa dulzura del momento.

Quizás el factor que todas tenemos en común en este libro y que está perfectamente ilustrado (nunca mejor dicho) es que *a todos nos encantan las cosas de mamá*. Mamá Zhou es y será siempre una de las personas más especiales (y también de las más graciosas) en nuestras vidas. Este libro es un compendio de nuestras personalidades (en una realidad cómica, por supuesto); es un resumen en versión dibujada de lo que vivimos en su día y vivimos hoy aún: historias entre nuestra mamá, a la que apreciamos tanto, y entre nosotras; historias entre culturas, historias entre lo que fue una vez vivir en España siendo chino-andaluzas y lo que aún sigue siendo hoy.

Está claro que la alegría y la ilusión en este proyecto con Quan es palpable a pesar de las distancias. El entusiasmo ha sido compartido por nosotras y esperamos con todo nuestro cariño que este cómic, con sus historietas humorísticas, abra tus fronteras culturales con el ejemplo de una familia muy especial: la familia Zhou.

Fu Zhou y Qing Zhou

¡POR FIN LA BIOGLAFÍA VELDADELA!

¡LO MEJOR QUE HAS VISTO DESDE HUMOR AMARILLO!

Si la miras un rato a la cara, creerás que Quan es china (o japonesa, pero vamos, casi seguro que china... o coreana).
Pero abre la boca y le sale un acento andaluz der carajo. Tan andaluz, que se te olvida que es china hasta que la llama por teléfono Mamá Zhou, que entonces se transforma en china de nuevo.
Y con la misma naturalidad que hizo esto (y me dejó loca) el día que la conocí, Quan nos ilustra este original cuento chino, lleno de divertidas anécdotas sobre su vida agridulce en España: desde el empeño de la gente en llamarla Juan, a las preocupaciones sentimentales de Mamá Zhou.
¡¡Y no cuento más que luego to se sabe!! Pero cuando te lo leas y conozcas a esta china loca, pensarás lo mismo que yo el día que la conocí: que ~~Juan~~ Quan...

¡¡ES LA NÁMBER UAN!!

Pedrita Parker

Gazpacho Agridulce

una autobiografía chino-andaluza

Por favor, pon atención:

Manual de cómo leer esta novela gráfica

Hablado en chino

Hablado en español

ASTIBERRI

Gazpacho Agridulce

Colección Sillón Orejero

Diseño: Quan Zhou
Maquetación: Alba Diethelm
Corrección: Soraya Pollo
Edición: Javier Zalbidegoitia

ISBN: 978-84-16251-01-8
Depósito legal: BI-778-25
Impresión: Edelvives
1.ª edición: mayo 2015
2.ª edición: marzo 2018
3.ª edición: marzo 2021
4.ª edición: agosto 2025

Astiberri Ediciones
Apdo. 485
48080 Bilbao
info@astiberri.com
www.astiberri.com

Érase una vez, en un pequeño pueblo andaluz,
una joven pareja de inmigrantes chinos...

Eran el matrimonio Zhou
Por fin lo conseguimos, ¿preparada?
¡Sí!
¡oh!

周酒家
ABIERTO
MENÚ
ESPECIAL
¡Es magnífico!
¡Nuestro futuro hijo lo heredará todo! Por fin podremos prosperar

Somos el segundo restaurante chino del pueblo, ¡saldrá bien!
Aparte de nosotros sólo hay otro más, ¡haremos fortuna!
¡¡¡...!

¿¡Qué te pasa!?
¡Aaah! ¡Viene el bebé!, ¡¡¡viene yaaa!!!

¡Aguanta! ¡Llamamos un taxi! ¡Vamos! ¡arrghhh!
¡Aaahh! ¡ay! ¡ay! ¡ay!
!
¡Vamos!, os llevo en coche al hospital
2058
Glasia

¡Que sale!, ¡que sale ya!
¡Maldito hijo! ¡Saal yaaa!
¿Qué estarán diciendo?
Ay, que se me muere la china en el coche
2058

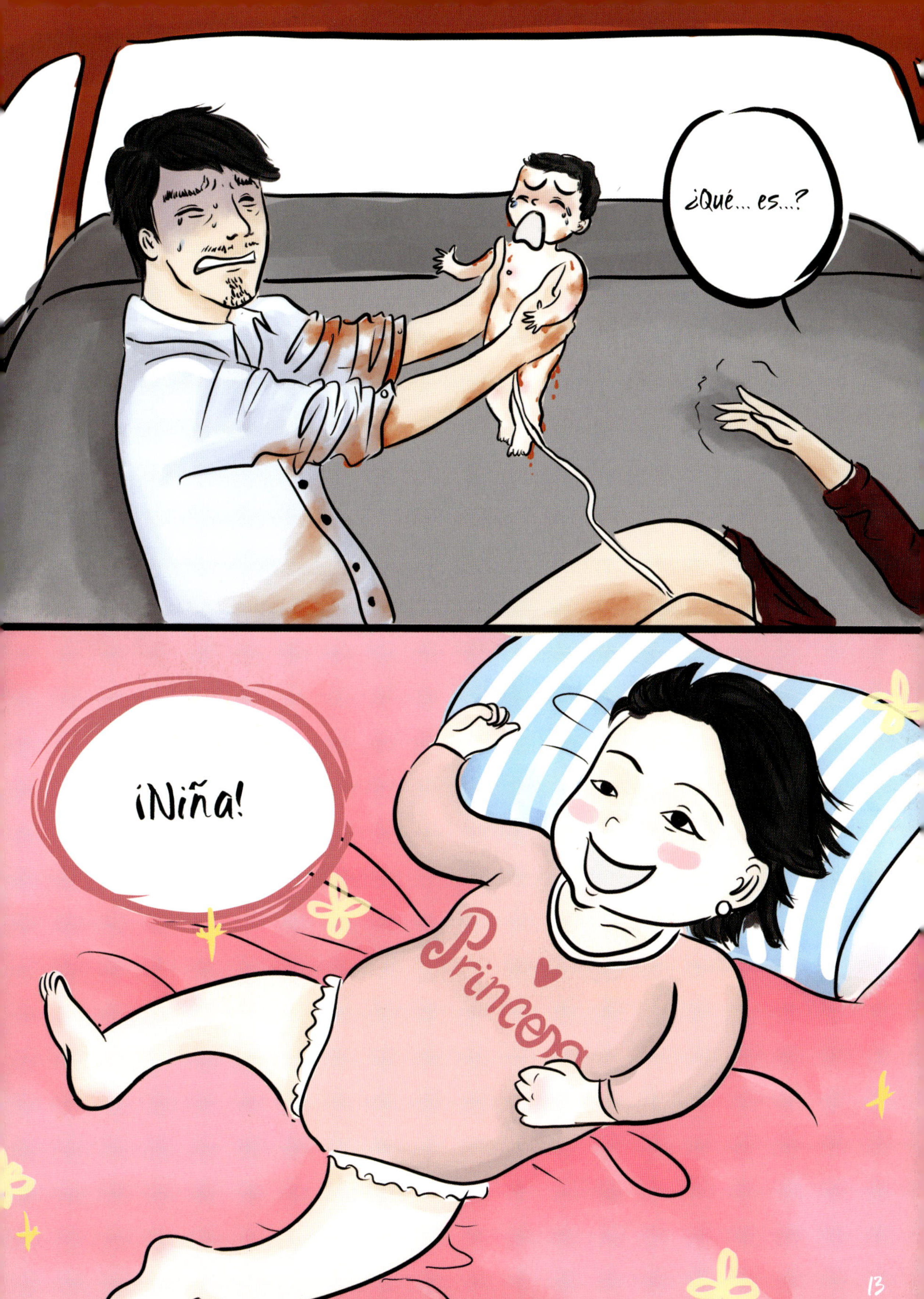
¿Qué... es...?
¡Niña!
Princesa

Bueno... Lo volveremos a intentar
Sí, el siguiente será el heredero
Tengo caca...
20 meses después...
¡Taxiii!
¡¡¡Que viene!!! ¡!!Aaahh!!!
¡Quiero salir!

¡Saaa!
TAXI
OCUPADO
¡Está casi afuera!
¡Zeñora, empuje fuerte!, ¡que ya zale!
512890

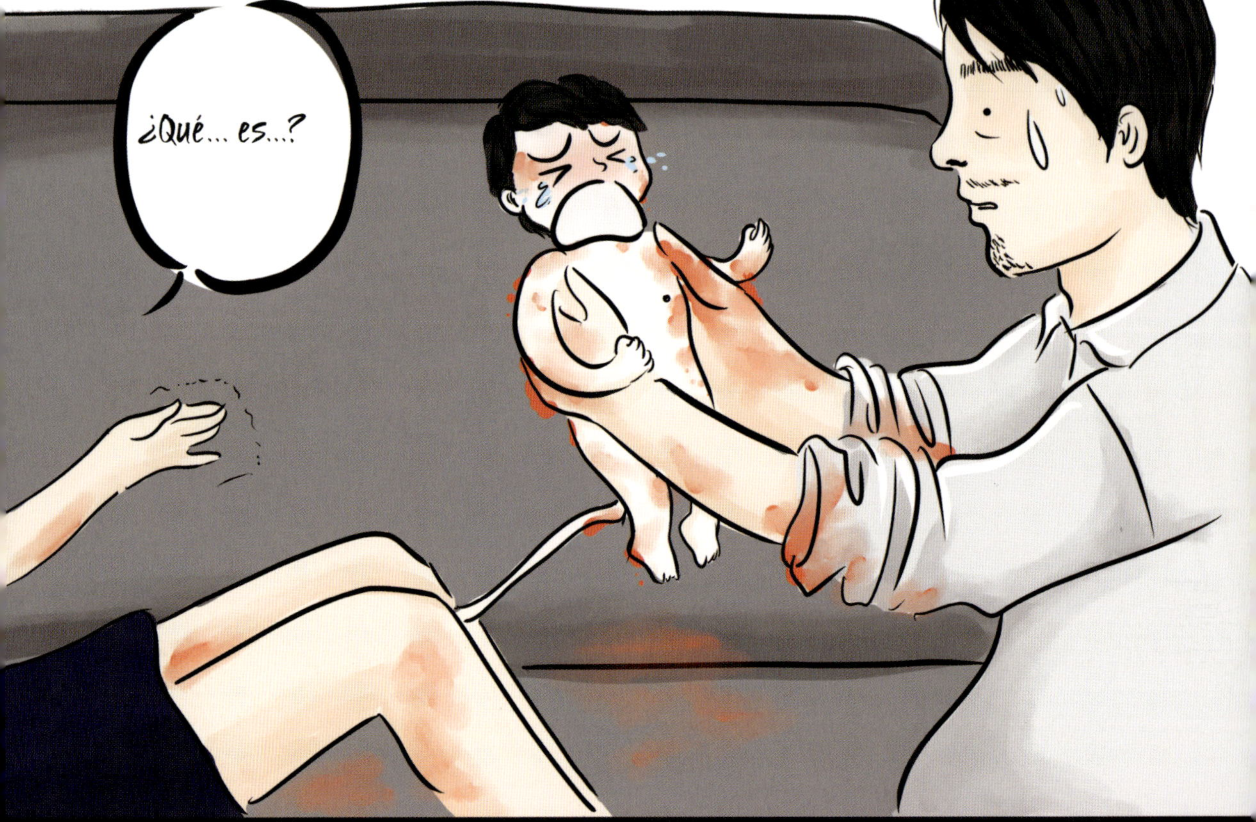
¿Qué... es...?

¡Niña!
Princesa

Bueno, mamá, a la próxima será niño seguro.
¡Esperemos! Ésta nos ha salido un poco fea.
A la mayor seguro que la casamos bien.
¡Dadme de comer!
4 meses después...
Dololes, niña contico, yo con mi malido voy hospitá, tené niño
Pero si te quea una semana todavía
Yo sabe, así yo llegá bien hospitá

¿¡Otra vez!?
¡Niña!
Princesa

más
os hasta
ntro de
tiempo.
ntre las
ñas y
negocio
mucho.
¡Otra más!
Fea
¿Qué habremos hecho mal? No tiene que ser tan difícil.
¡Riiiiing!
PÁGINAS A
TIMOFÓNICA
¡Riiiiing!
¿Wei?
*wei: quiere decir "¿Sí?", se dice al contestar al teléfono

¡Mamá Zhou! ¿¡Es niño esta vez!?
¡Abuela Zhou!* ¿Qué tal p China? Pue No, ha vuel a ser niñ
*Mamá Zhou llama a su suegra madre, pero como somos muchos en esta familia, lo dejaremos como abuela Zhou para evitar confusiones.
Daos prisa, que te quedan pocos años buenos. Tienes que honrar a la familia.
...
y así fue como el matrimonio Zhou pasó a ser la familia Zhou...

Entrantes

Mini-Zhous al estilo andaluz

La familia Zhou

¡¡¡Papá!!!
¡¡¡Papá!!!
¡Mira lo que han hechos tus hijas! ¡Han puesto un huevo en la silla! Imagina si hubiera habido clientes.
Estas niñas son el demonio...

¿¡Quién ha sido!? ¡Hablad!
...
¡¿No habláis?! ¡Castigadas las dos! ¡Os encerraré en el baño, sin luz!
¡Nooooo!

¡Buaaaa!
¡Sácanos!
Todo es por tu culpa. ¡Te dije que no!
¿Cómooo?
!!!
¡Todo por tu culpa!
¡Traidoraaaa!
¡Idiotaaaaaa!

¡Aaahhh!
¡Sácanos!
¡Callaos ya!, que vais a espantar a los clientes
Estas niñas traerán la ruina al restaurante
Pero si es idea tuya que estén aquí
Tienen que aprender la cultura china y el valor del trabajo. ¡Ya pasan mucho tiempo con Dolores!
¡Tanto tiempo con la niñera española no puede ser bueno!
¡Nos portaremos bien!
¡Sácanos ya!

Se están volviendo muy españolas...
Mis niñas
¡Mira!
Van mucho a la playa...
Prefieren la comida española a la china
¡Papas con huevo, mi favo!
Arroz tres delicias desechado...
Mamá, di...
Caca
Pedo
Culo
Hablan español entre ellas todo el rato
Soy Elena
Yo Lola
Nosotras Margarita y Cristina
Usan más el nombre español que el chino, ¡y sólo tienen amigas españolas!
Encima Dolores no las disciplina ¡y se han vuelto muy desobedientes!
¡Quan hasta me contesta cuando la regaño!
Mamáááá, ¡sácanos ya!

COLEGIO ANDALUZ
Unos días después en el cole...
Ojú... mamá nos ha castigado de nuevo...
¿No vais a poder venir a jugar a mi casa?
No... encima dice que tenemos que ir a la iglesia china
Pa'que aprendamo a ser buenas...
Bueno, pues juguemos ahora... ¡a la comba!

A la cadena de tres... ¡métete!
¡métete!
¡métete!
¡Aaaah!
POM!!!
Qué daño...

¿Estás bien? ¡Ala, un diente! ¡Qué suerte!
Duele...
¿Suerte de qué?
¡Claro! ¡ahora vendrá **el Ratoncito Pérez!**
¿Ratón Pérez?
¿No sabes quién es?
No
Vamos a la seño...
El Ratoncito Pérez viene por la noche y se lleva los dientes caídos de los niños
¡Y te deja dinerito a cambio!
Tienes que dejar el diente debajo de la almohada ¡y acostarte temprano!
¡Ooohhh
¡Me compraré una Barbie

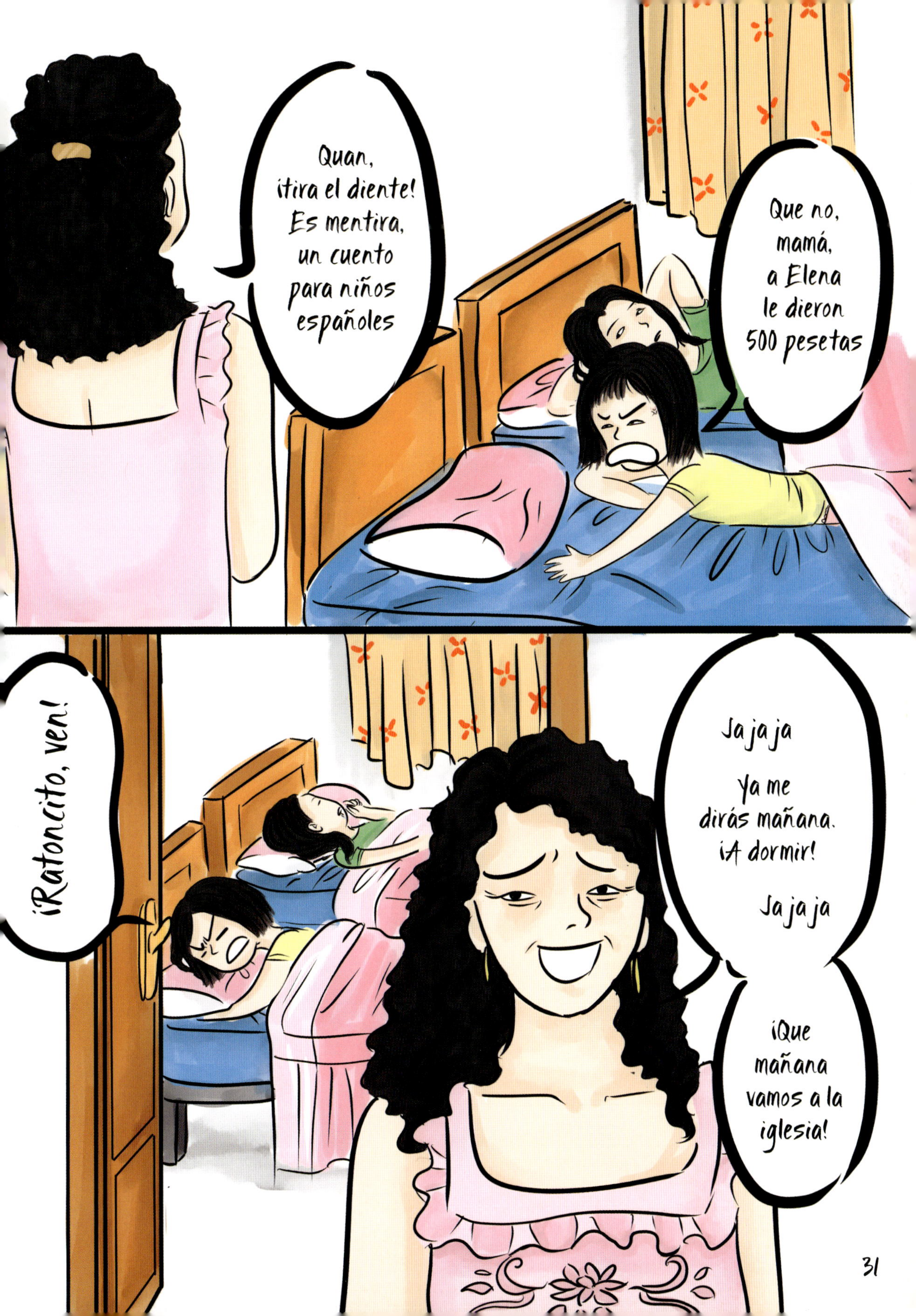
Quan, ¡tira el diente! Es mentira, un cuento para niños españoles
Que no, mamá, a Elena le dieron 500 pesetas
¡Ratoncito, ven!
Ja ja ja
Ya me dirás mañana. ¡A dormir!
Ja ja ja
¡Que mañana vamos a la iglesia!

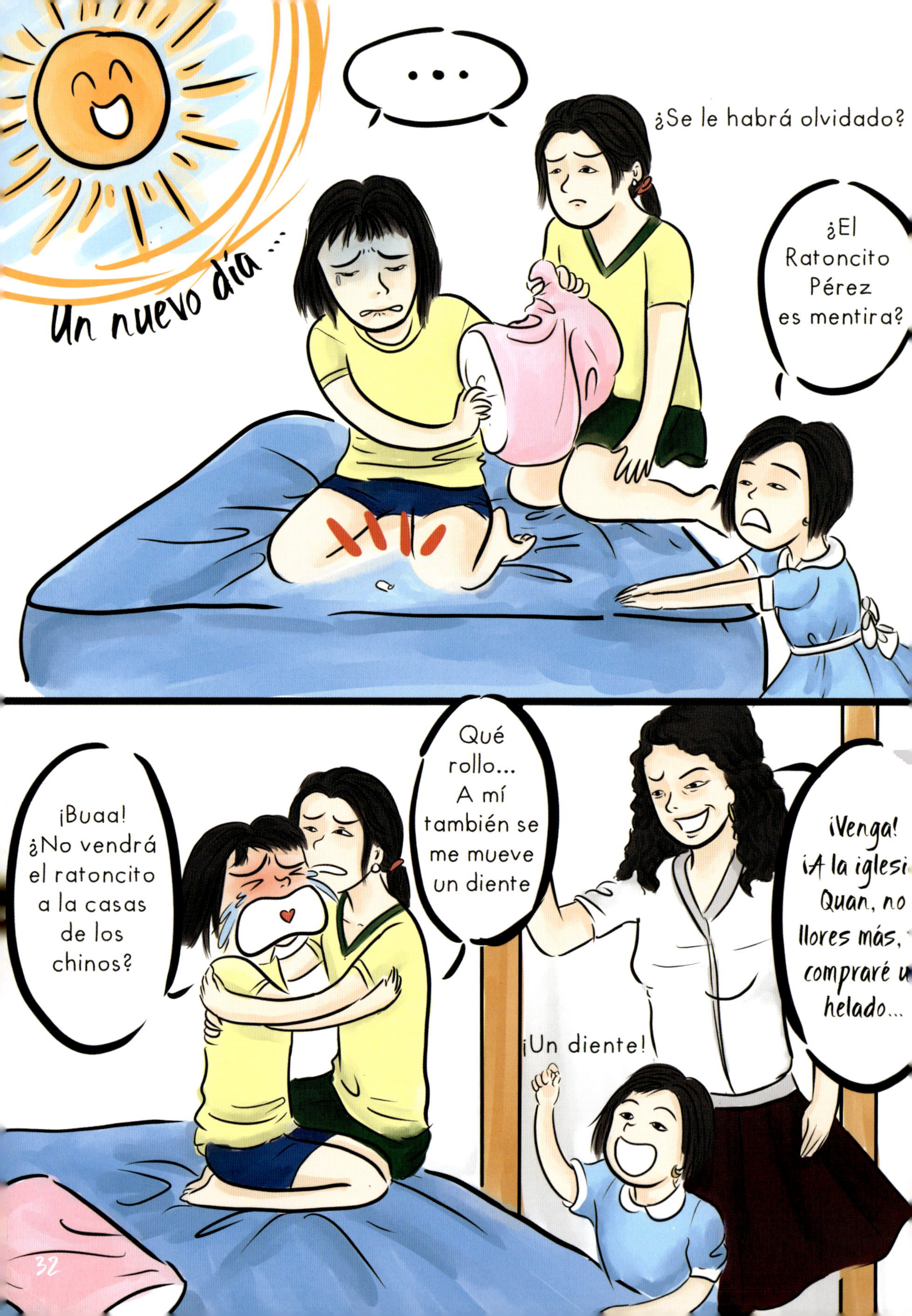
Un nuevo día ...
...
¿Se le habrá olvidado?
¿El Ratoncito Pérez es mentira?
¡Buaa! ¿No vendrá el ratoncito a la casas de los chinos?
Qué rollo... A mí también se me mueve un diente
¡Venga! ¡A la iglesi Quan, no llores más, compraré u helado...
¡Un diente!

¡Uy!, hay que quitar ese diente ya...
¿Ahora?
¿Duele?
No, así te saldrán bien los dientes
Tú quietecita
¡Aaaahhh!
¡ZAS!
¡Ya está!

Cuánta sangre...
¡Aaaaaahhh!
¡Anda, no hagáis tanto ruido! Ve a limpiarte, que nos vamos

上帝是爱
Escuela dominical...
or favor,
esús, que
amá no me
uite ningún
diente
más...
Por favor,
Jesús, no
seas de
mentira
como el
Ratoncito
Pérez...
En el culto de la iglesia...
Por favor,
Jesús,
bendícenos
con un hijo

¡Señora, sus hijas se han quedado dormidas en clase!
Así no aprenden la vida de Jesús, ni chino tampoco
Lo siento mucho... No volverá a pasar
Mamá nos regañará otra vez
¡Papá! Eso seguro que lo han aprendido de ti
Culpa mía, sí...
¡Siempre dormido por ahí!
Siempre nos castigan...
Joee

Qué asco,
yo qué
ulpa tengo
de
dormirme
Castigada
fregando
Si no
entiendo
el
mandarín,
¿¡qué
hago!?
Tranquila,
Quan, si
chino
mandarín
tienes que
aprender
Ya hablo
el dialecto,
suficiente es.
Pa'qué
quiero
yo más
chino...
ojú
Quan,
mira!
¡Encontré
un paquete
con un
globo!
¡Vamos
a llenarlo
de
agua!
¡Sí!,
¡sí!

Niñas
¡Eeeww
Ja ja ja
Ja ja ja
¡Oh!
¡Oh!

¡Tranqui! Lo encontré en el cuarto de papá y mamá...
Imaginaos al recordarlo años después...
Vamos a ver si hay más
¡Aaaaahhh!
¡El agua está demasiado caliente!
¡Y hay demasiada espuma!

Ring riiiinnngg
Mamá Zhou, ¿qué tal están las nietas?
Ring riiiinnngg
¡Se han dormido en la igles Te la pas para que la regañe
¡Se portan muy mal!
Meme,* ¿qué tal?, ¿obedeces a papá y mamá?
*Meme: significa niño pequeño
Abuela, estamos mu bien. ¿Tiene buena salud? ¿Hace calor en China?
Sí, la abuela está muy bien, ¡que Dios te bendiga, nieta!
¡uff!
¡Que Dios te bendiga, abuela!

Algunos meses después...
TE INVITO A MI FIESTA
¡Chuches!
Será en Pizzajat, ¿os dejará venir vuestra madre?
Nunca hemos ido a ninguna
¡Qué díver! ¡Más pizza!
¡RICO RICO!
ja ja
PIZZAS
¡Yo también quiero una fiesta de cumple!
Si nos portamos bien, seguro que mamá nos deja, en McRata estaría genial

¿Fiesta de cumpleaños? Claro que sí, diles a tus amigas que vengan a comer al restaurante chino
Restaurante chino
Pero yo quiero que sea en el McRata
¿Para qué pagar si tenemos el restaurante?
¡Pero es mi cumple! Siempre estamos en el restaurante
Hija, el dinero no se gana tan fácilmente
¡Dolores me dejaría celebrarlo en McRata!
Quan, Dolores no es tu madre

Pues
alá lo
uera!
¡Qué
tonterías
dices!
¡Qué
hija más
desagradecida!
¡Demasiado bien
te hemos tratado,
que has salido tan
española y tan
mimada!
Toda la
discusión
para esto...
Siempre
protesta
con el
restaurante
Qué genio...
¡Sí!
¡Regalos!
¡Regalos!
Mmm,
bolitas
de
pollo
¿No
es
perro?

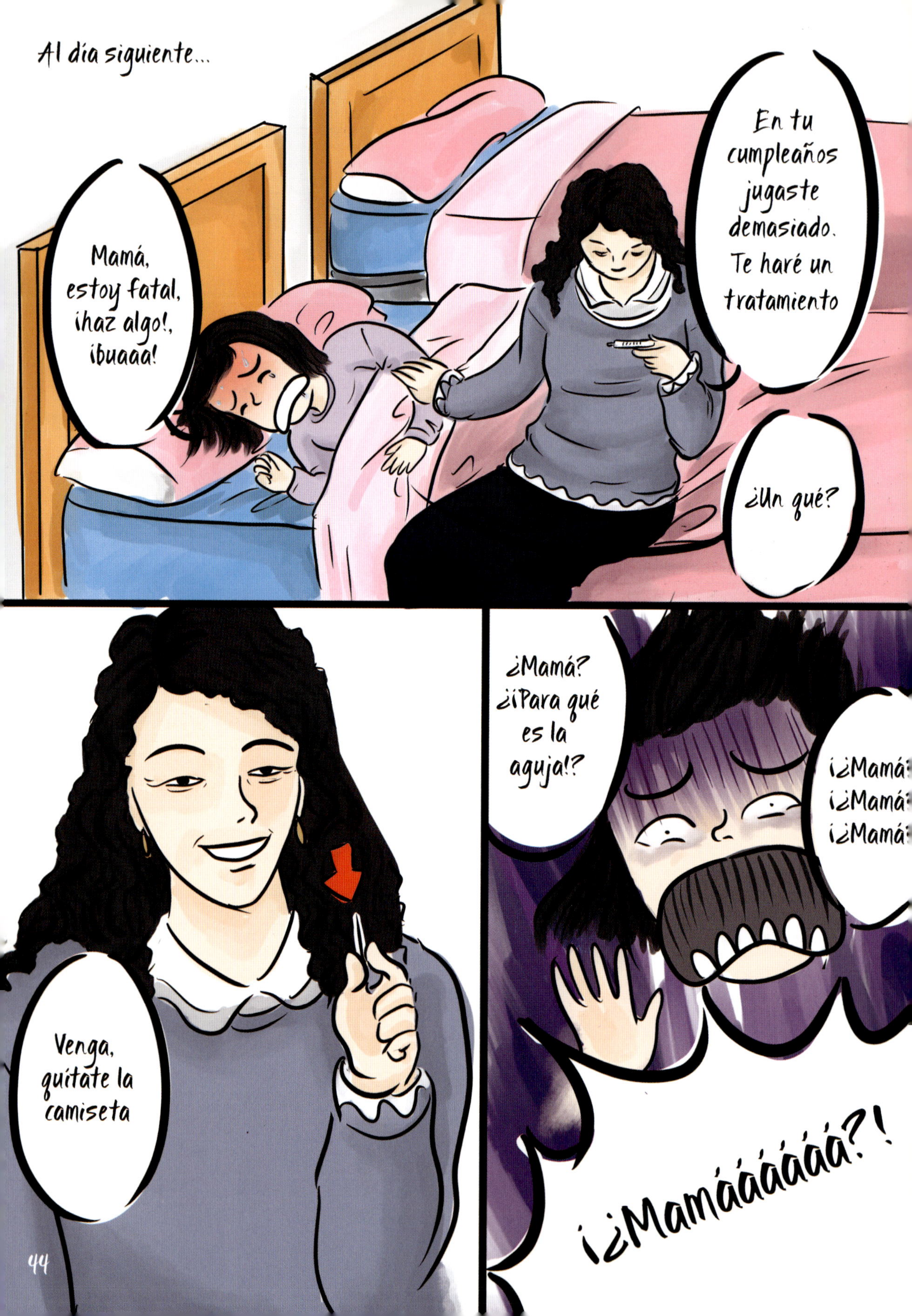
Al día siguiente...
Mamá, estoy fatal, ¡haz algo!, ¡buaaa!
En tu cumpleaños jugaste demasiado. Te haré un tratamiento
¿Un qué?
Venga, quítate la camiseta
¿Mamá? ¿¡Para qué es la aguja!?
¡¿Mamá
¡¿Mamá
¡¿Mamá
¡¿Mamáááááá?!

¡¡¡Señora!!! La voy a denuciá a la policía, ¡esto es maltrato!
¡La niña tiene la espalda llena de pinchazos!
¿Malo trato? ¿yo?
Tú equivocao, yo hase medisina chiina pala Quan no enfelmo, pincha pala sangle malo sale fuela, y despué mucho más lápido ella buena. ¡Yo no malo tlato mi hija!
Hoy en día, todavía les tengo un miedo a las agujas que no es ni medio normal. ¡Prefiero la medicina occidental sin lugar a dudas!

ABIERTO
¡Mamá! Aquí, toma la carta para los Reyes
Hemos sacado buenas notas
Y nos hemos portad bien
¿Reyes? ¿Qué reyes?
Los Reyes Magos, que traen regalos a los niños en Navidad
¡Eso es para los niño españoles! ¡Un cuento! Los chinos no tenemos Reyes Magos
¿¡No hay Reyes Magos!?

Barba
Barba
Barba
¡Oooh! Muchas gracias, Dolores
No es mentira... es una tradición
¿Y por qué...?
¿Qué es eso?
Los Reyes son los padres? ¿y Ratoncito Pérez?
¿Todo es mentira? ¿Por qué nos engañáis?
Tradición es algo que se hace siempre ...
¿Y los chinos qué tenemos? ¿Otra mentira?
No lo sé, cariño...
¿Y por qué...?
¿Y por qué...?

¡Niñas! ¡Vais a tener un hermanito! Dololes, yo embalazada otla vez
¿Un hermanito?
Esta vez tiene que ser niño ...
¡Felicidades!
Tenéis que ayudar a mamá en lo que podáis, niñas
¡Sí! ¡Otro más!

¡CRASH!
¡Uooh!
¡Buff! Me va a dar un aborto ...

¡Ups!
¡No juegues con el agua! ¡Has mojado todo!

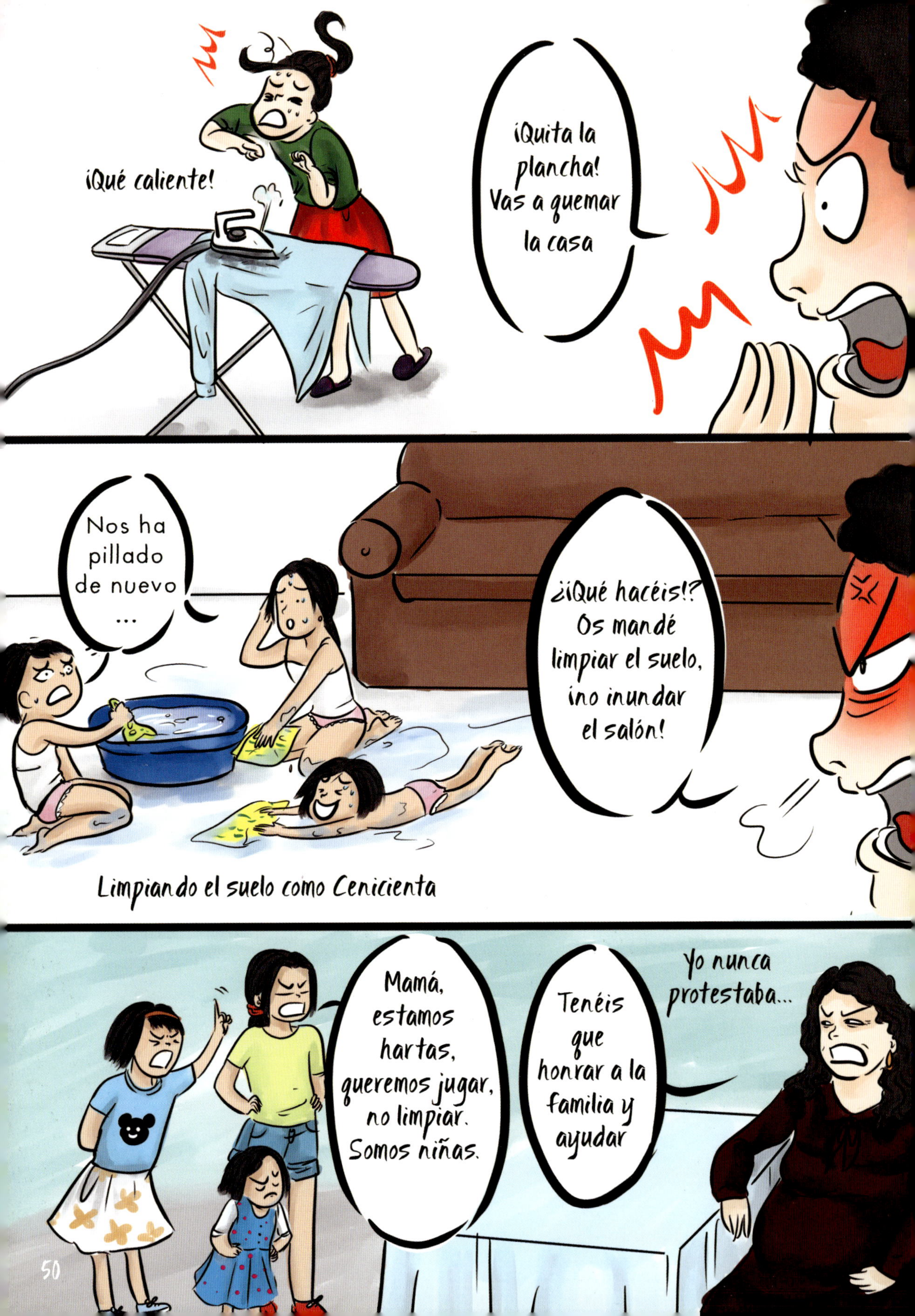
¡Qué caliente!
¡Quita la plancha! Vas a quemar la casa
Nos ha pillado de nuevo ...
¿¡Qué hacéis!? Os mandé limpiar el suelo, ¡no inundar el salón!
Limpiando el suelo como Cenicienta
Mamá, estamos hartas, queremos jugar, no limpiar. Somos niñas.
Tenéis que honrar a la familia y ayudar
Yo nunca protestaba...

Ya basta!
ois demasiado
nalas y rebeldes!
stáis muy mimadas!
¡Os mandaré a China con la abuela para que os enseñe!
¡A China no vamos ni muertas!
¡Aaaaah! ¡Llamad a papá! ¡¡¡Rápido!!!
¡Niño!

Lo hemos hecho, mamá
Tenemos al heredero
¿Qué tiene de especial?
Qué mono, un bebé
...
Qué de gente, Con lo a gustito que estaba antes...
Mamá, esto es para ti
Pulsera de jade
Qué precioso, papá
Gracias por darme un hijo
Huele a caca
oh
Era mi cuna

Qué mono
Mamá, ¿y Dolores? Hace mucho que no viene
No va a venir más... Tiene que cuidar a sus hijos
¿¡Quéééé!?
¡Buaaa!
No pasa nada, viene vuestra tía Iñi* de China a cuidaros,
pero tenéis que enseñarle español
*Iñi: significa tía materna primera

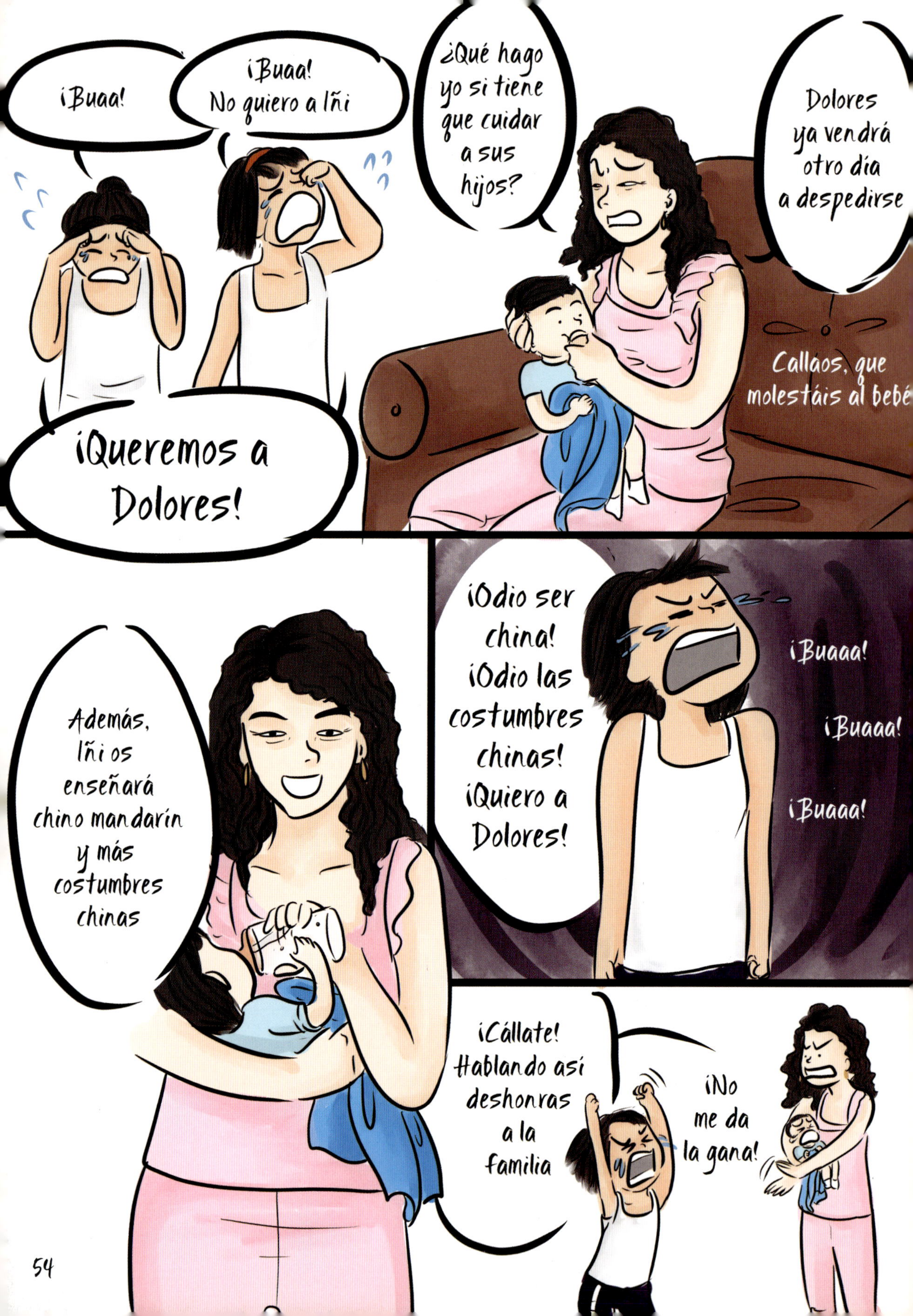
¡Buaa!
¡Buaa! No quiero a Iñi
¿Qué hago yo si tiene que cuidar a sus hijos?
Dolores ya vendrá otro día a despedirse
Callaos, que molestáis al bebé
¡Queremos a Dolores!
Además, Iñi os enseñará chino mandarín y más costumbres chinas
¡Odio ser china! ¡Odio las costumbres chinas! ¡Quiero a Dolores!
¡Buaaa!
¡Buaaa!
¡Buaaa!
¡Cállate! Hablando así deshonras a la familia
¡No me da la gana!

Hola, niñas, soy vuestra tía. Portaos bien y educad bien al nene, ¡que es el tesoro de la familia!
Hola, lñi
Barbi
Mayoret
Quan, ¿qué pasa?, ¿esa cara? ¿tú fadado?
Quan está bien
Vete a la mierda! ¡Quiero a Dolores! ¡No voy a cuidar al nene ni a nadie!
¡¡¡Tranquila!!! ¡Que te van a castigar!
PUM!

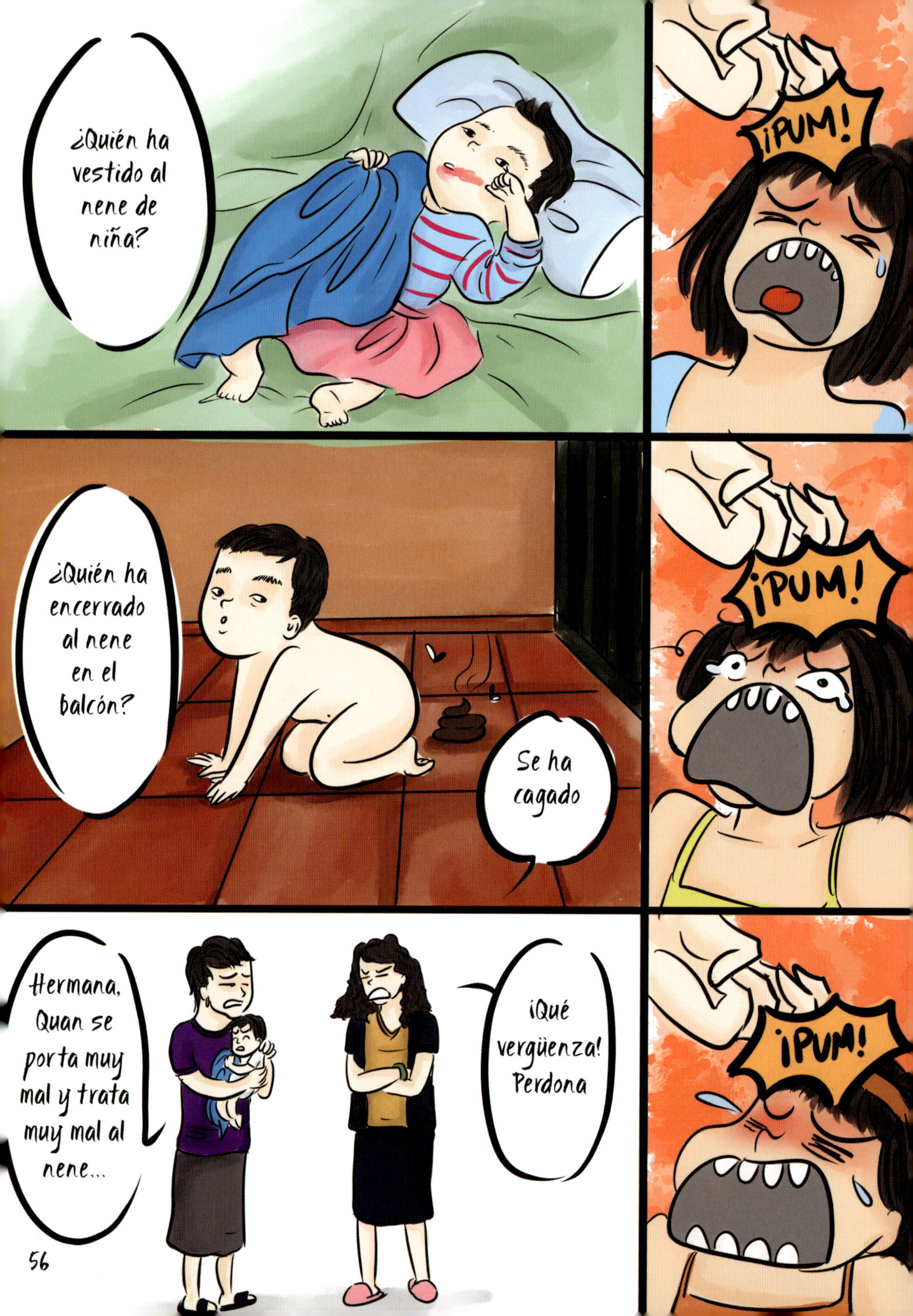
¿Quién ha vestido al nene de niña?
¡PUM!
¿Quién ha encerrado al nene en el balcón?
Se ha cagado
¡PUM!
Hermana, Quan se porta muy mal y trata muy mal al nene...
¡Qué vergüenza! Perdona
¡PUM!

Primer plato

Familia feliz agripicante

¿Es tu nieto?
Qué mono
¿Nieto?
¡¡¡Nooooo!!!

La familia Zhou

Estaba en casa sola con mi padre, y no sabía qué hacer, ¡ni si sabía lo que era la regla! Como en mi casa nunca se habla de esas cosas...

¿Vosotla tené novio o no?
No...
Mamá, ¡deja en paz a mis amigas!
Sólo estoy hablando con ellas. ¡Son muy jóvenes todavía para tener novio!
angel
Papá, has vuelto suspender teórico del carnet de conducir?
Sí...
?
¡Si no es difícil!, está costando mucho dinero
¡Calla, mujer!
Hermana mayor aprendiendo a llevar platos
Lo sé
¿Os dejará venir al cine ahora?
¡Niños!
Illa, tu madre da pechá de miedo
Qué va, es viernes y dice que tenemos que ayudar mucho...
angel

¡Niños!, mirad qué encontré
Mierda...
¿Qué hacía el ratón suel por el restaurante ¡Teníais qu ser responsables
Fue el nene
El ratón lo soltaste tú. ¡Es culpa tuya!
¡No! Nemo se escapó solo
Imagina si alguien lo hubiera visto. ¡Nos cierra
Nemo, has sido malo...
Muy malo...
¡Huyamos!
¡Y vosotras tenéis que educar mejor a vuestros hermanos pequeños!
¡Huyamo

Zzz
Mamá, han venido mis amigas a casa
Nemo está más tieso que pa'qué
El ratón ha muerto
La peque se va a poner muy triste
Tíralo a la basura
eque... abes que Nemo se ha nuerto?
Sí... es que se portó muy mal y le castigué aplastándole un poco
Pero me quedé dormida y lo aplasté durante demasiado tiempo

Chicas, la peque ha castigado al hámster hasta matarlo
En tu familia estáis to locos
¿Y qué ha hecho el hámster? ¿Correr poco en la rueda?
Escapa de la jaula
¿Nemo está muerto?
Está más tieso que la mojama
UN HÀMSTER MUERTO
¡EWWWW!
¡Tira el puto hámster!
¡Mira, mira!, un hámster

Riiing
Riiing
¿Wei? ¿Quién llama a la una de la mañana?
¿Wei? Quan, soy la abuela, ¿qué tal, meme?
¡Abuela!, yo muy bien, ¿tú estás bien de salud?
Sí, la abuela está muy bien, ¿estáis obedeciendo en casa?
Sí, nos estamos portando muy bien, que Dios te bendiga
¡Que Dios te bendiga, nieta!
Ahora te paso a mamá ...

En el verano de ese año, las adolescentes Zhou salían a ver mundo...
En el campamento cristiano tenéis que portaros bien.
Llamadme al llegar
Sí, mamá
Y haced amigos chinos de una vez
Yo también quiero ir
Eso, no vaya a ser que en el futuro os echéis novio español en vez de chino
¡Sería una vergüenza!
Nada de novios
¿Y tú a dóne vas?
A vende flores al puert
Ten cuidado, por unos pocos euros no vayas...
Novios chinos dice la Iñi
Hablamos en español para que no nos entiendan
Iñi sí que no tiene vergüe za

uí quedé tercera en el torneo de natación
Ésta es nuestra prima
Éstas son las chinas de Marbella,
también conocimos a chinos madrileños, con acento de los madriles y todo
Por las noches los onitores se uedaban en os pasillos, ara que no nos láramos en otras abitaciones, ¡un rollo!
¿Te echaste novio chino o qué?
Yo, no ...
Chicas, me quito el uniforme y vamos a la playa
A mi ermana le man todas as noches chinos amorados, blan hasta 3:00 a.m. Jn tostón!
¡Y le envían regalos! La última telenovela china...
Guapa, te envié "Amor en el Egeo", es lo más
Me encanta, muchas gracias
Pesao, coño...
El puto chino que se calle ya

Si me regalan cosas, po yo las cojo
Con la telenovela china, te tienen enamorá
Hola, guapa. ¡A ver cuándo nos vemos!
ECKO
Hola, Mc Alberto, cualquier día de éstos nos vemos
A vé si es verdá
¿Quién era Mc Alberto?
Un amigo...
¿De dónde?
Cliente del restaurante
¿Te gusta?
No sé...
¡Dejadme en paz, pesadas!
Ajú, qué cotillas so
Qué le costará contarnos ...
Pues yo me he echao novio...
¿Qué dices?
¿El cejijunto ese?

Ya ves, mamá está obsesionada con que trabajemos ...
aliente rquería asar las caciones aquí
Hoy es el cumple de Elena y están en la playa
Cuando salgamos habrán terminado, fijo...
Todo el día hablando en español, a saber de qué
Callaos, estáis todo el día igual
Si no hay nadie, mamá
Qué más dará que hablemos
Siempre estáis protestando, ¡tenéis que aprender a llevar el restaurante! Si va a ser para vosotras

Vosotras estáis yua fa ba.* ¡Si os casáis con un español no heredaréis ni un céntimo!
Un cliente ...
Ojú, que a mamá le ha dado toda la neura
¿Quién te ha pedido nada?
*Yua fa ba: significa totalmente extranjeras y
Hola... hip... mesa para uno... hip..
A trabajar, ¡venga!
Está borracho, qué asco
Da grima ...
Oye, ¡niña!
¿Qué quiere usted?
Qué horror de tío...

Quiero comprar la pulsera esa que hace...
Te doy 5 eurosh, o mejó 10 eurosh
No está en venta
Le he dicho que no
No está en venta, deje de insistir
Dásela y que se vaya
No quiero
Venga peque
Mis hijas estan muy rebeldes, ¿qué habré hecho mal?
Encima no quieren el restaurante
El restaurante para Rita la Cantaora, yo voy a estudiar una carrera
hora tendré ue empezar de nuevo la ulsera de la amistad...
Me he pasado el nivel 8-4 de Super Mario

¡¡¡Te quitaré de estudiar como sigas así!!! ¡Te he parido para que trabajes y honres a la familia! ¡Hija desagradecida!
No veas la pelea con mi madre por venir a tu casa
Si has venido a estudi no a fumar porros
Siempre hablan del restaurant y amenazand con quitarme d estudiar
Eso digo yo, con lo que estudio y las notas que saco, cualquier padre español estaría orgulloso, pero ella no
No puede quitaros, hasta los 16 añ estudiar es obligatorio
No te preocupes, Marga, no te lo he dicho antes, pero he hablado con mi madre de esto.
Si tu madre va en serio con eso de quitaros de estudiar, mi madre os adopta a ti y a tus hermanas, así podréis seguir estudiando...

Gracias, Elena,
te quiero mucho

Ese año, la pubertad seguía haciendo de las suyas
Mc Alberto y yo hemos empezado a salir, ¡estamos muy enamorados!
¡Qué fuerte! Como se entere mamá le va a dar algo
Mamá no se va a enterar, lo vamos a llevar en secreto
Mc Alberto es maravilloso...
Tiene moto
Soy tu ninja, baby
¡Y está intentando dejar los porros por mí
Ama el rap
La música es mi vida
Hago unas rimas que alucinas
Aunque soy muy joven pa dejarlos, lo haré por ti

El Mc Alberto ese parece espantoso. ¡Encima fuma porros!
Qué va, es un rebelde, pero conmigo es muy bueno, incluso dejó a su novia por mí, ¡me quiere mucho! Y se parece a Justin Timberlake
Aunque la ex y su pandilla son unas quinquis, tened cuidado con ellas
Es la merdellona del Instituto Atlántico
¿Qué dices?
Bueno, me voy, que papá y mamá ya se han dormido
¿Dónde vas? son las 2:00 a.m.

He quedado con Mc Alberto, volveré a las 10:00 a.m. He engrasado las bisagras para que la puerta no haga ruido
...
Te quiero
Guárdame el secreto, ¿eh?
Cierra silenciosamente.
Mi hermana
se ha vuelto majareta

ro nadie se imaginaba las consecuencias del amor adolescente...
CURSO
REAJOVEN
DIBUJO
ANDA!
¡Quan!, deja de dibujar, ven a ayudar, que se ha estropeado la lavadora
Llévate esos manteles a casa y pon la lavadora
Maldita lavadora Posch
¿Por qué no lo lleva un camarero? ¡Pesa mucho!, ¡me cansaré!
Los jóvenes no os cansáis...
Estan ocupados, anda, ve
PIZZAJAT
Putos camareros ocupados...
Anda que los vagos esos se ofrecen a ayudarme
Si el restaurante estaba vacío...

PIZZAJAT
Oye, tú, sí, tú, china, contigo quería yo hablar, ¿qué vas diciendo tú de mí por ahí?
Lávate la boca antes de hablar de mí
¿Decir qué, loca?
La merdellona apareció
Que no te escuche decir yo ni mu de mí ni de mis amigas, ¿¡me oyes!?
Que os reventamos a tu hermana, a ti y a quien sea, **¿me oyes?**

¿Quieres bulla? Pues vas a tener bulla, ¡venga! ¡Pégame, si tantas ganas tienes!
¡PLAF!
PIZZAJAT
Hoy la paso, pero como me entere yo de otra, la próxima no te salvas
PIZZAJAT
...

La merdellona está en nuestra clase este año
A ver si nos va a ir amenazando
Hablaré con mi herma-na
¿El Alberto ese estuvo en el colegio García Lorca?
Sí, ¿por?
Jack, por favor, no te mueras...
¿Os acordáis de que hace 7 años en el colegio García Lorca, alguien mató un gato ahorcándolo en el gimnasio?
Me han dicho que fue él
¡Noooooo!

¿qué hace mi hermana?
Que lo deje
Tu móvil está sonando
¿Diga?
Sí, soy yo
¿Que qué?
¿Es usted Quan Zhou? Le llamamos desde la casa de la cultura.
Ha ganado usted el primer premio del concurso de dibujo contra la violencia de género
…os días después…
Sí, ha conocido al alcalde, ¡que le ha entregado el premio!
Claro, la niña estudiará dibujo y pintura
Empieza con este pequeño premio y quién sabe
Ya ha pasado una semana, ¿no se les va a pasar? Tanto presumir…
Siempre quejándose de que dibujabas demasiado y ahora mira, ¿a quién queda por llamar?

Estamos hartas de la merdellona y su pandilla, están pasándose ya
Alber ya ha hablado con ellas
Pues no le hacen caso, siguen dando por culo
¿Y qué quieres que haga?
Pues tú sabrás... la verdad que no sé qué haces con él
No te metas, no queremos y punt
Ole por ti, luego no vengas llorando
Todo el rato de cháchara, Quan, ve a limpiar los baños
Y tú, a montar las mesas, ¡vamos!

Hola, tú Cynthia, ¿no?
Hola, mamá Zhou, sí, soy Cynthia
Llevo viniendo 5 años
Tiene mala memoria
¡Oh!
Cynthia, tú ya tiene teta, ¿no?
...
amá, ¿qué haces? ¡Qué vergüenza!
Ella ya tiene tetas y tú no
Cynthia, ¿tú tiene legla ya? ¿Todavía no?
...

La adolescencia se apoderó de la casa Zhou, sin vuelta atrás...
Mamá
¿Tú también tienes la regla?
¡Quan!
Elena, he conocido a un chico
¡POM!
¿Por qué le dices nada a tu hermano de la regla?
Él no tiene que saber eso
¿Por qué no? Es algo natural del cuerpo

Quan,
o sabes
nada...
ólo dices
onterias
Jum
¿Hola?
¿Hay alguien ahí?
Perdona, que mi madre me acaba de echar la bronca
Conocí a un chico en la iglesia y me gusta mucho
¿La iglesia china?
No, loca, ¿qué me va a gustar a mí un chino?
Illa, tú vas a ligar a sitios muy raros...
Nos vamos a ver esta tarde, y estoy nerviosa, ¿y si nos besamos? Yo nunca he dado un beso... ¿y si lo hago fatal?
Ja Ja Ja Ja
Esto así no es, ¿no?

No me seas "Marga la amarga", esas cosas surgen, tú haz lo que sientas y punto
Menuda mierda de consejo, así cómo voy a besar bien
Ja Ja
Marga, ¿por qué estás tan pendiente del alrededor?
Por si hay algún chino, no nos pueden ver por si se chivan a mi madre...
Oye, ¿y por qué Margarita? ¿De dónde sale?
Me lo puso la niñera... es mi nombre español
Así me pareci
más a vosotr
Aahmm, ¿cuál es tu nombre chino?
Quan
signific
manan
tial

Pues me gusta muchísimo más Quan...
Gracias, es la primera vez que me lo dicen
31
Al rato...
A ver si eso surge
¿El qué?
...
31

Poco tiempo después...
Me llamó el otro día para dejarme...
Como tenía que estudiar para un examen le dije que me dejara otro día...
Pobre, no te merece, seguro que encuentras otro mejor
Hija...
¿Es verdad que tienes un novio español?

Segundo plato

hormigas bajan del árbol

Con lo dificil que es ganar dinero..
Lo caro que está costando el carnet de conducir de papá
Mamá, ¡aprobé el teórico! ¡A la quinta!
¡Siiii!
Vamos a celebrarlo ¡comiendo marisco!

La familia Zhou

¿Ese chico español no es cristiano? Tus padres están muy disgustados
¡Qué vergüenza! Os vi por la calle de la mano y es muy feo
¡Déjale!, es una deshonra para la familia
Tienes que dejarle, no te aporta nada bueno
¿Qué haces con él? Si tu vales mucho más
¡Hazle caso a tu madre!

¡Callaos!
¡Es mi vida!
¡Y yo decido!
Pero sólo queremos tu bien...

Estoy harta de que se entrometan
Cari, no llores, que nuestro amor lo superará todo, ¡tengo una idea!
KARHATI
RAP
¡Vámonos a vivir juntos! ¡Tú ya eres mayor de eda
Nos alquilamos un pisito y vivimos juntos, mi padre te enchufa de cajera en el Mercalonas y yo trabajo de repartidor en el Pizzajat, ¡viviremos genial!
Qué contras dice...
¿Vivir juntos?
¿Cajera en el Mercalonas?
¿Pero qué está diciendo éste?
¿Quiere ser repartidor toda su vida o qué? ¿Y mi carrera?
¡Yo quiero estudiar!,
no quiero quedarme en el pueblo siendo cajera, que para eso mejor e restaurante chino...

JUNTA ANDALUZA
IES RIO ROJO
BACHILLERATO ARTES
DATOS
Bueno, pues ya está. Me cambio de instituto
Ya podría haber bachillerato de artes aquí, en este pueblo no hay na
Quan
Tú sabías lo del novio de tu hermana, ¿por qué no me dijiste nada?
Ella no quería que te dijera nada, ¿qué iba a hacer?
Menos mal que no se enteró de lo mío
Me tuve que enterar por un camarero, ¡tu hermana se está echando a perder y avergonzando a la familia!

Qué exagerada eres, ¿y si le gustaran las chicas?
¿y a mi hermano los chicos?
¡Qué idioteces dices, hija!, ¡eso nunca va a pasar! ¡Qué deshonra!
Pues eso, mamá, que no es tan grave como parece... ya se le pasará
Pues convéncela para que le deje
¡Imagina!, si se enteran los chinos, ninguno la querrá como esposa
¡Mamá! ¡No todo es lo que piensen los chinos!
Dices eso porque tú también te vas a ir con un español, ¿eh?
¡Cuando te pones eres imposible!
¡Contesta! ¿Tú también te irás con un español o qué?

hermana
queña
mbién
ıpezaba el
stituto...
¡Ey, chini! ¿Qué tal?
Date la vuelta, que viene el profe
Vives cerca de aquí, ¿verdad? Te vi un par de veces
Sí, ¿por?
Yo también vivo al lado, ¿quieres venir al instituto juntos?
Emm... vale
¡Perfecto! Te paso a recoger mañana a tu portal

Adoro el manga, amo a Sakura, ¿y tú?
Yo prefiero leer libros al manga
Eres muy simpática, no te imaginé así
Que soy china, no un bicho raro
Pues chinos, hay por tos laos
Es verdad, es que nunca tuve ninguna amiga china
¡Ay, Cynthia, que me gusta mucho!
Ruffles Jamón
Pues lánzate, hija

uan también
mpezaba en
u nuevo
nstituto...
Hey, chini, te vi hoy en el bus
¿Ah, sí?
Estabas atrás a la derecha, ¿no?
Sí, iba algo distraída y no te vi
¿Me esperas a la salida y nos vamos juntos?
Vale

bla, bla, bla
Me encanta el manga, ¿y a ti?
bla, bla, bla
¿Por qué no se calla? Sólo habla de manga... qué pesao
bla, bla, bla
Sí, Sí
GRAFFITI
bla bla el ataque Kage Bunshin
ajá
Quiero dormir
bla, bla, bla
GRAFFI

Al final dejé a Alberto
Bueno, pues me alegro, él no te convenía para nada
Vale que no te gustara, pero eres una insensible
Lo siento ...
Se lo ha tomado muy mal...
¡No me dejes!
¡Yo te quiero!
¡Cambiaré!
¡Soy tu ninja y tú mi princesa!
¡Dejaré los porros!
Tú y yo contra el mundo
Iré a la iglesia china!

Mira...
FIU FLORIDA INTERNATIONAL UNIVERSITY
Dear Miss Zhou,
Me han dado una beca en la Universidad Internacional de Florida, ¡en Miami!
¡No puede s
¡Ay, que m
voy a los
Estados Unic
de Améric
Siempre he querido estudiar una carrera, y no podía dejar de lado mi sueño por un niño...
Ya he perdido un año y casi me voy a vivir con él y ser cajera del Mercalonas...
Entonces, ¿te vas?
Sí, el curso que viene

Me alegro muchísimo por ti, ¡pero te echaré tanto de menos!
Bueno, me voy, que se me hace tarde
¿Tarde? ¿A dónde?
He quedado con el chino de Antequera, mamá me insistió mucho para que tuviera una cita a ciegas con él
Como lo ha pasado tan mal, le he dicho que sí. Total, me voy a las Américas
¿¡Un chino!?
Una cita a ciegas...
con el chino de Antequera...

Riiing
Riiing
¿Wei?
Soy la abuela, peque, ¿qué tal están las cosas? ¿Mejor?
Abuela, ¿qué tal?, ¿estás bien de salud?
Sí, aquí todo bien, ¿estáis honrando a la familia?
Sí
Si la abue supiera ...
¿Tu hermana ha dejado ya a ese español?
No dejan el puto temita
Sí, abuela, se va a estudiar a América, que Dios te bendiga

Peque, ¿y esa cara?
¡Déjame en paz, mamá!
¡Niña!, esa boca
peque ...
¿Por qué no sois capaces de dejarme sola?
Anda, peque, cuenta qué te pasa y te ayudaremos
Es un chico...

¡Qué fuerte!
¡El primer chico!
¿Y qué pasa? ¡Qué mayor!
Sí, cuenta, que te ayudamos
Ermm...
Las consejeras del amor...
Es que vosotras muy expertas no sois...
Sí, te aconsejaremos bien...
Oh, ¡lo que ha dicho!
Pero somos tus hermanas mayores
La niña esta...
Además, las dos tenemos experiencias con chicos
Bueno, vale... es que creo que le gusta otra

¡Con decisión!
¡Ánimo!
Mejor tú que la otra
Vamos a hablar claro...
¿Que qué?
¡Ah!
¡Uoh!
¡Eres gay!
Guárdanos el secreto, por favor
FIRENZE

Relación tortuosa con el malote del pueblo y peleas con toda la familia

El primer chico que le gusta no le corresponde y es gay

La dejaron por teléfono el día antes de un importante examen

Las Zhou-desgraciadas en el amor

Papá, nuestras hijas crecen...
Pero no quieren el restaurante
¿qué haremos?
Si nadie lo quiere, lo vendemos
¡No, no!
Así quedará para vuestro hijo, será el gran jefe,
aunque tiene que dejar de jugar a la consola
Hija, llegas tarde, en tu último día en España tienes que estar aquí
Me estaba despidiendo, mamá
...
Tendrías que estar trabajando, ya que en mucho tiempo no trabajarás

¡Te esperamos en España!
¡Vuelve pronto!
¡Cuídate!
...

¡Buaaa!
Asco de selectividad
Hay mucho que estu-diar
¿Por qué te pones así?
:s que estoy muy estresada, tengo mucho que estudiar trabajar el doble en el chino ›orque mi hermana no está, ¡¡¡no puedo más!!! ¡Sacaré un cero!
Boluda, relájate, tómate un cubata o algo
Que si Franco
El mito de las cavernas
Que si pollas en vinagre...
› puedo más
Creo que me tomaré algo...
Alguna ventaja tendría que tener estar en el restaurante sin mamá
Vino malo de Pa casa
Bebida de limón
¿Qué tal sabrá el alcohol? Si tanta gente lo bebe, estará bueno

RIIING
RIIING
JI, JI
Aquí el chino, jijiji, ¿quiere hacer un pedido? jijiji
¿Pero esto qué es? ¿Humor amarillo?
No, no, ¡esto es el restaurante chino! jijiji
Hola, soy el Asian flush y lo que veis no es una exageració
Los asiáticos me padecen, les falta una enzima
la cual sintentiza el alcohol en sangre
por eso se emborrachan en seguida y se les pone la cara roja como el culo de un babuino. ¡Ahora ya lo sabéis!

CHINIBERRY
MAMÁ
Mamá, ¿qué tal?
Os echo mucho de menos
Hay menos clientes por la crisis, y Quan se va a Madrid. Oye, ¿sabes qué dijo el chino de Antequera?
¿Qué dijo?
¿El chino ese del BMW?
Dice que te esperará, así que deja esa tontería de estudiar y cásate bien ahora que puedes,
mientras eres joven y guapa
¡NOOO!
¡NOOO!
¡NOOO!
¡Te comprará un piso!
FIU

No puedo creer que te vayas ya tú también, la casa se va a quedar supersolitaria
En cuanto pueda iré a verte
Ya, peque, qué rápido pasa el tiempo
Barshva
O'NADA

Yo creo que estudiaré en la Universidad de Málaga o Granada
Si vienes a Madrid, podríamos vivir juntas
¡Y tú! ¡Pórtate bien! ¡Y deja ya de una vez de jugar tanto a la maquinita!
Barshva

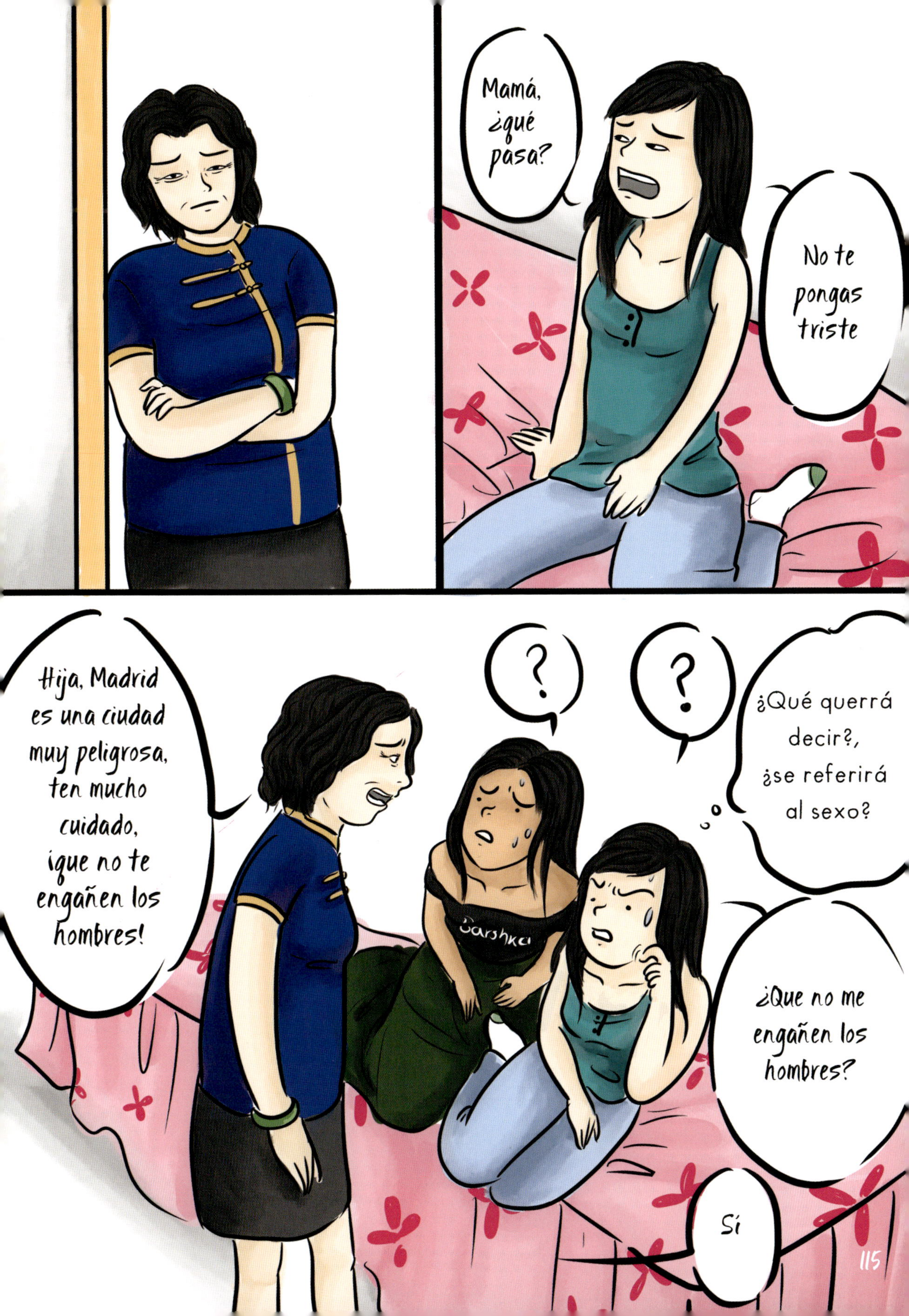
Mamá, ¿qué pasa?
No te pongas triste
Hija, Madrid es una ciudad muy peligrosa, ten mucho cuidado, ¡que no te engañen los hombres!
?
?
¿Qué querrá decir?, ¿se referirá al sexo?
¿Que no me engañen los hombres?
Sí
Barshka

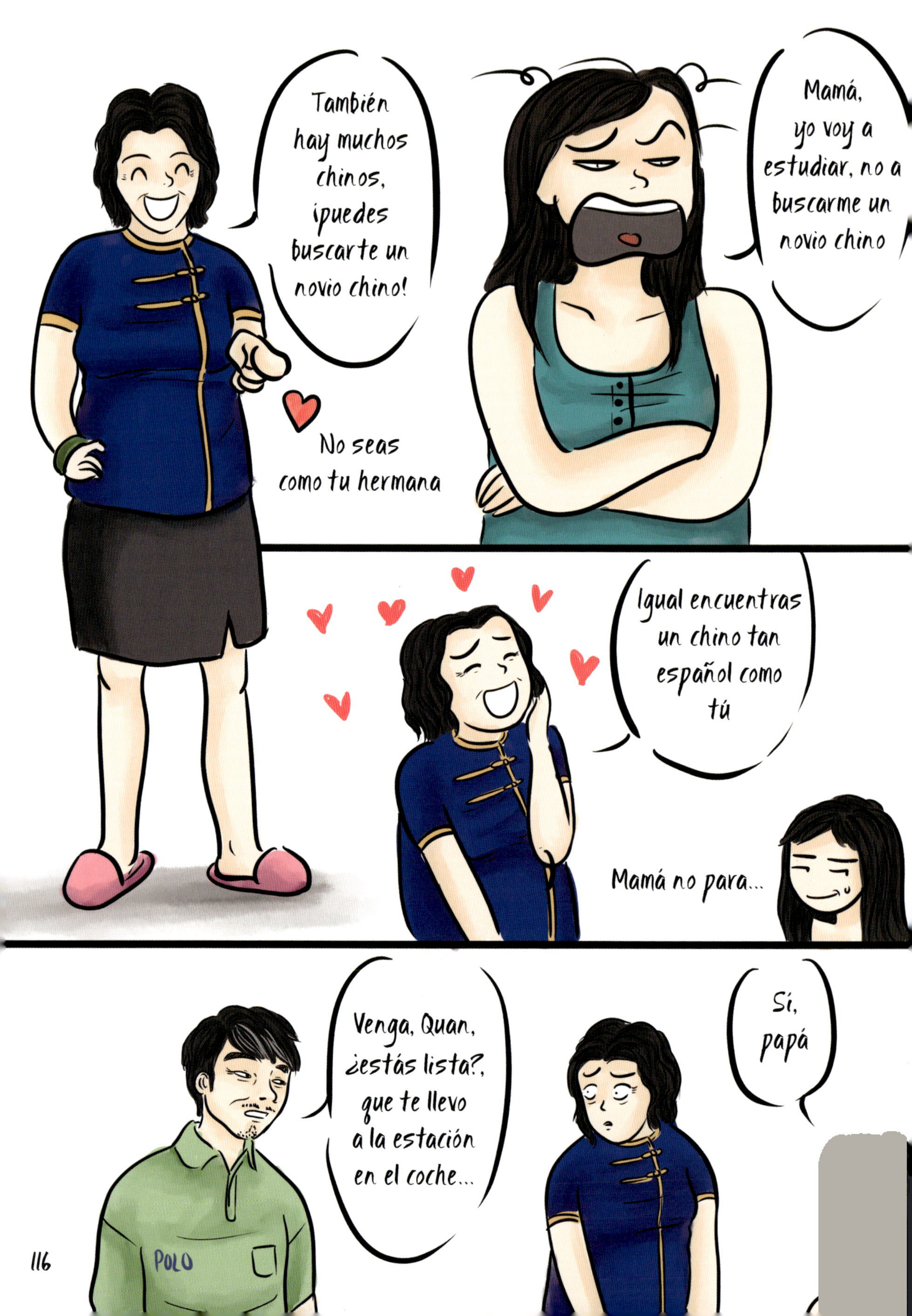
También hay muchos chinos, ¡puedes buscarte un novio chino!
No seas como tu hermana
Mamá, yo voy a estudiar, no a buscarme un novio chino
Igual encuentras un chino tan español como tú
Mamá no para...
Venga, Quan, ¿estás lista?, que te llevo a la estación en el coche...
Sí, papá
POLO

Nos vemos en Navidad
Que Dios e bendiga, hija

Pues ya estamos en Madrid ...
¿Y si me pierdo y no encuentro el piso?
Qué nervios, compartir piso con desconocidos
Ah, ¡hola!

Soy Quan, ¡encantá de conocerte!
Yo soy Anna, chiqueta, ¡qué acento!
Termina una etapa y comienza una nueva:
Málaga, Madrid, Miami...
¿Qué aventuras les esperan a los Zhou?

Nido vacio...
con sólo
dos hijos,
la casa está
muy solitaria
...

Postre

macedonia china

En la China profunda de los años 80, en un pequeño pueblo llamado "Suelh-Tiyas" habitaba soltero Zhou, un mujeriego donde los haya, fumador y jugador. Era todo un imán para las señoritas "Suelh-Tiyas"
Están en el bote
Desgraciadamente su soltería llegaba a su fin, cumpliría 26 años y estaba mayor, tendría que sentar la cabeza. Aunque soltero Zhou se negara firmemente, era su destino. Honrar a la dinastía Zhou con su primer hijo varón.

La situación era de tal gravedad que su madre tomó cartas en el asunto
Hijo, no puedes seguir picoteando frutas ni melocotones ni lychees
Es hora de que plantes tu propio huerto y traigas tu cosecha a casa
Tienes que hacer honor a tu apellido Zhou
Y como era su deber, soltero Zhou decidió buscar un huerto para plantar su semillas...
Aunque no era tarea sencilla, habiendo sido el mayor sinvergüenza del pueblo, ninguna madre lo tenía en cuenta como yerno. Y en China es imposible casarse sin la aprobación de los padres.
¡Ni borracha! Deja a mis hijas en paz
Por una vez que quiero hacer las cosas bien

Tendría que buscar en otro pueblo...

Desconociendo totalmente el cortejo marital, soltero Zhou decidió pedir consejo a su gran y sabio amigo Confuh-sio

Pero Confuh, que era extremadamente sabio y cotilla, le dijo:

Amigo Zhou, conozco un pueblo cercano, con muy buenas señoritas para sentar la cabeza, pero...

Las dos más guapas del pueblo ya se casaron, nos queda la tercera más bella, que es mayor, tiene 24 años
¡Una solterona no, Confuh!
Sé a ciencia cierta que sigue soltera por ayudar a su madre, que está mayor, pero ahora la quiere casar desesperadamente
¡Te he dicho que solteronas no!
¡Calla, ingrato!

¡Ve a conocerla!
Hablaré con su madre para
organizar un encuentro...

O eso o te quedas soltero,
menuda vergüenza para tu
familia, si hasta el tonto del
pueblo ya se ha casado y
acaba de tener un hijo.

Confuh tenía razón, así que al final accedió
Yo quería una esposa de 18 años
A mí qué me cuentas, yo soy un panda
El día temido al fin llegó...
¿Y si en este pueblo son todas feas?, ¿y si es un cardo borriquero?, ¿y si me salen hijos tontos?
Hola, joven Zhou
Como presente llevaba mandarinas, que simbolizan buena suerte (la necesitaría sobre todo por si quería escapar)

Buenas tardes, le traigo un presente
Gracias, pasa, por favor, mi hija está esperando
Pero en el momento en que vio a la tercera más bella del pueblo
Hola, buenas tardes
Con los ahorros de un año se hizo la permanente para esta ocasión
¡Oh! Qué preciosidad.
Soltero Zhou cayó rendido ante ella

¿En qué trabajas?
¡La caso!
Soy profesora, ¿y tú?
Si nos casamos, le corto el pelo
Tras unos meses de conversaciones y besos furtivos, la bella empezaba a impacientarse...
¿Por qué no me pide que me case con él?

Mientras, soltero Zhou estaba más preocupado en otros menesteres...

Así que en la siguiente cita...

¡Sorpresa!
BILLETE TREN
VIAJE A:
?
Viaje al romántico pueblo "Pica-Derong"
Es un pueblo precioso, ¡te encantará! jeje
Pero tú
...

¿¡Tú te crees que soy idiota!?
¡¡¡Querer llevarme a esa inmundicia!!!
¡¡¡Golfo!!!
¡¡¡Sin estar casados!!!
¡¡¡Golfo!!!
¡¡¡Sinvergüenza!!!

No sabemos por qué, en ese instante soltero Zhou se enamoró y decidió hacer una macedonia china...

¡Hasta pronto!

Un millón de gracias

Gracias a ti, lector. Espero que te haya gustado nuestra pequeña gran historia y que hayas disfrutado tanto o más que yo dibujándola. Gracias a todos los que han aparecido, y también a los que no (porque no cabían tantos grandes en tan pocas páginas); gracias a todos y cada uno de los que habéis hecho de mi vida esta hermosa historia que contar.
Gracias a Astiberri, por hacer esto posible, y también a ti, Javi, por tener tanta paciencia entre tanto mail.

Dedicado, faltaría más, a mis padres, que con tanto esfuerzo nos han sacado adelante, a mis maravillosas hermanas, a mi hermano, el mimado "Pampimé", y también a todo aquel que alguna vez se sintió como yo, perdido entre dos mundos...

Laura